Erziehungs-Alltag!

Die besten Cartoons von Renate Alf

Erziehungs-Alltag!

Die besten Cartoons von Renate Alf

HERDER

FREIBURG · BASEL · WIEN

Renate Alf, 1956 in Göttingen geboren, seit 1974 in Freiburg. Studium der Fächer Französisch und Biologie. Anschließend Referendariat am Gymnasium.
Seit Ende des Referendardienstes (1983) als Cartoonistin tätig. Veröffentlichungen u.a. in Badische Zeitung, Natur, Brigitte, Eltern; weitere Titel bei Herder: Cartoons für ErzieherInnen, 1997; Neue Cartoons für ErzieherInnen, 1998.
Renate Alf lebt mit Mann und vier Kindern in Freiburg.

www.herder.de
Druck und Einband: Proost, Turnhout 2003
ISBN 3-451-27922-3

Seid mal grad leise! Der Familientherapeut ist dran!
Pa

Könntest du bitte mal den Müll runterladen?

Stop! Anna!! Räum noch dein Zeug weg!
Geht nicht! Ich muss los!
Das stinkt mir schon, wenn sie einfach nicht folgt!
Tja, in dem Alter kann man sie nicht mehr so rumkommandieren ...!
Abteilung durchparieren zum Halt!!
Ra

Darf der Kleine ein Rädle Wurscht?
Danke! Fleisch in dem Alter macht aggressiv.
Ra

Hü!

Kinderparlament!

He! Heute ist „Weltkindertag"!
Runter vom Sofa!
Ra

Würden Sie auch bestätigen, dass bei den Kindern das Ausmaß an Sprachauffälligkeiten zunimmt?
schluchz!
grummel!
upps!!
seufz!
schluck!
kreisch!!
knurr!
schmatz! schleck!!
mampf
schauder!
würg!
quiiiietsch!
wroooom!!
ächz!
z
gähn!
Ka

Tja ... Für Algebra hab ich grad keine sensible Phase ...!
y
x =
Ra

Wir haben doch gemeinsam beschlossen...
Mit 2:1 Stimmen!
Ra

Hinten anstellen!
Ra

DIE hat's gut...!
Tages-
mutter
Ra

bröööm!!
Computer machen einsam...!

Guck mal, Papi!
GUCK MAL, PAPI!
GUCK MAL PAPiii
Warum muss dieses Kind bloß immer so brüllen??

POLIZEI
?

Frau Stulz sagt, ich darf ruhig viele Fehler machen, weil ich doch Legotechniker bin!
Dik-tate
Ra

Mädchen-
kram!
Ra

RETTET DIE WALE
Stop! Erst wird der Hamster ausgemistet!
Ra

In der Schule haben wir heute teilen gelernt.
Fein!
Dann kannst du ja Nicole was von deinem Süßkram abgeben!
Ra

Stör mich nicht!
Erziehun mit Liebe

Na los! Du wolltest mir doch deine Aufklärungsbücher zeigen!
Ra

Helfen?!
Nein, danke!
Helfen?
Nein, danke!
Ra

Mädchen spielen *doch* mit Autos!

Lernfähig!
Wird's bald?!
Wird's bald?!?
Wias batt?!?
Ra

Welch ein Panorama!!
Scheiße! Teewurst...

Sprachentwicklung

Nur von den Nudeln, John!
Mit Ketchup, wie immer, Sir?

MAMA
Nicht den Muttertag vergessen!

Ich räum jetzt mein Zimmer auf!
Ra

Meine Eltern sind schwer erziehbar...!
SORGEN TELEFON
0418/ 00273
Ra

So lernt der das aber niemals selber...!
Klopf!
rülps!
Pa

Der Stock

HAAR

Ich bin heute zum Klassenkasper gewählt worden!
Ra

früher:
Müsst ihr euch immer so dreckig machen?!?
heute:
Könnt ihr euch nicht mal ein bisschen dreckig machen?!?
Ra

Ach bitte, Mami !!
fies+blöd

Freiheit, die ich meine...

Was Kostet die Welt??
Ka

Spiel mit mir!
Talk Doll
Spiel mit mir!

TELEFON
TE... LE...
Lass das! Sonst ist dir später in der Schule langweilig!
Ra

-Scharlach!
-Salmonellen!
-Schmutzige Wörter!
Ra

Tante Martha! Jesus hat schon wieder den Malventee in Fanta verwandelt!
Ra

Knall!
peng!!
Das bedeutet
Krieg...!
Ra

Mama!
Mama!
Mama?
Mama!!
?
Mama!
Mama!
Mama!!
MAMA!!
Ra

Weißt du, Pablo: Dafür bist du gut im Würstchen-Wettessen!
Picasso
Ra

Daniel ist aber ganz schön erkältet...
Das ist der Stimmbruch, Mann!!
Ka

Wir rennen kurz einmal ums Carré, sonst werden wir wahnsinnig!
Ra

Traditionell!

Sag mal bitte „AAARGHH!!!"

Haben und Sein

Genau wie du damals...!
Ra

Ich mach mir echt Sorgen, wenn er so viel an der Kiste hockt.
Dieses ewige Sitzen... Nur die Finger bewegen sich...
Genau!
Kinder in seinem Alter sollten draußen rumtoben!
Er vereinsamt auch völlig!
Vielleicht legt sich das ja von allein wieder...?
Ich fürchte nein!
Sowas entwickelt sich zur reinen Sucht!
Wir müssen ihm Grenzen setzen!
Du Wolfgang? Mama und ich haben beschlossen:
Eine Stunde Klavier am Tag ist genug!

Blondine

Kennste den, Mami? Geht ne Blondine in die Geister-bahn, ...
Jetzt merk dir endlich eins, Effi:
Blondinenwitze sind sexistisch, rassistisch und zutiefst ...
... frauen-feindlich!!
Und dann?

Sind so große Füße...

Einerseits soll es mein Kind ja besser haben als ich damals...
Andererseits find ich das total ungerecht!
Ra

Ich werd sowieso Tänzerin!
Demokratie
Monarchie
Oligarchie
Ra

Montag morgens sind diese Erziehe-rinnen immer völlig durch den Wind
...!
Zuviel Fern-sehen am Wochenende!
Ka

ABC
ABC

Heute schon Flöte geübt?

2
1
3
Ra

Echt schlimm, wenn Eltern nicht mal die einfachsten Kulturtechniken beherrschen!

Eigene Wege

Verhaltensauffälligkeiten:
27. Sonstige

He!
weite Welt
Ra